AF302942

DE VIJF KRACHTEN VAN PORTER

BELANGRIJKE INFORMATIE

- **Namen:** De vijf krachten van Porter

- **Toepassingen:** analyse van de concurrentieomgeving van een bedrijfstak

- **Waarom is het succesvol?** Dit model stelt u in staat om:

  - inzicht in de bedrijfstak en de aard van de betrekkingen tussen de verschillende deelnemers op de markt waarop de onderneming actief is;

  - de prestaties en de beïnvloedende factoren van de sector in kaart te brengen;

  - evalueren hoe veranderingen in een bedrijfstak de winstgevendheid ervan kunnen beïnvloeden.

- **Trefwoorden:**

  - <u>Concurrentie</u>: een belangrijk aspect van een markt dat wordt gekenmerkt door de ondernemingen die er gevestigd zijn en die met elkaar strijden om het grootste marktaandeel in handen te krijgen.

  - <u>Concurrentievoordeel</u>: de door de onderneming gecreëerde en door de klanten waargenomen waarde die haar onderscheidt van andere spelers in de sector en een betere winstgevendheid

DE VIJF KRACHTEN VAN PORTER

Begrijp de concurrentiekrachten en blijf de concurrentie voor

geschreven door Stéphanie Michaux
vertaald door Nikki Claes

DE VIJF KRACHTEN VAN PORTER

Begrijp de concurrentiekrachten en blijf de concurrentie voor

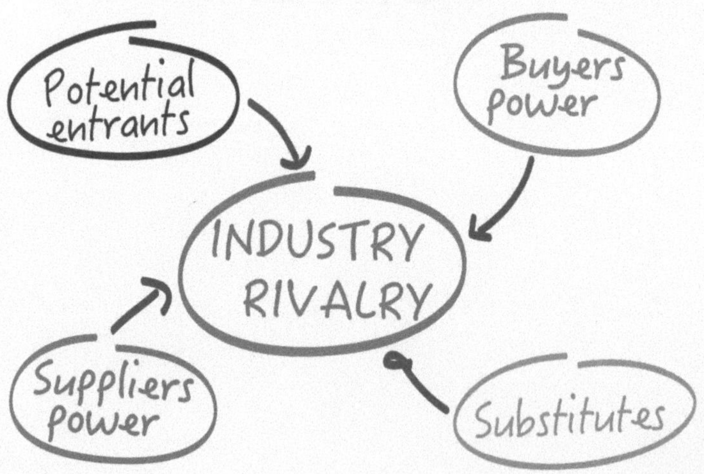

50MINUTES.com

oplevert, een onderscheidende kracht bij onder-
handelingen.

- Industrieconcentratie: de macht van bepaalde
  deelnemers in specifieke sectoren. Als slechts een
  paar bedrijven de markt delen, spreekt men van
  een geconcentreerde bedrijfstak.

- Rentabiliteit: de verhouding tussen de aanvanke-
  lijke investering en de financiële resultaten.

- Strategie: het bepalen van een geheel van te onder-
  nemen acties en te gebruiken middelen om de
  aanvankelijk vastgestelde doelstellingen op lange
  termijn te bereiken en te convergeren naar de tot-
  standbrenging van een unieke en wenselijke positie in een concurrerende omgeving.

- Overdrachtskosten: ook wel "omschakelingskos-
  ten" genoemd, zijn de middelen die noodzakelij-
  kerwijs moeten worden geïnvesteerd tijdens de
  overgang van het ene systeem/proces/technolo-
  gie, enz. naar het andere.

INLEIDING

Aangezien alle ondernemingen in een concurrerende
omgeving evolueren, is differentiatie van het grootste
belang en soms van levensbelang geworden. De onderneming moet er niet alleen voortdurend voor waken het
reeds verworven marktaandeel van een strategische
bedrijfseenheid (SBU) niet te verliezen, maar moet ook
voortdurend haar verschillen bevestigen om haar eigen
concurrentievoordeel te behouden en te creëren.

Het vijfkrachtenmodel, dat in 1979 werd ontwikkeld door Michael E. Porter (geboren in 1947), een hoogleraar bedrijfsstrategie aan Harvard, stelt bedrijfsleiders in staat te anticiperen op trends binnen een bedrijfstak en veranderingen in de concurrentie om deze te beïnvloeden door strategische keuzes te maken waarmee zij een concurrentievoordeel kunnen verkrijgen of behouden.

Definitie van het model

Het vijfkrachtenmodel is een essentieel instrument om inzicht te krijgen in de concurrentiestructuur van een bedrijfstak. Dit eenvoudige analyse-instrument is doeltreffend om de concurrenten – in ruime zin – van een onderneming te identificeren, maar ook om te begrijpen hoe zij haar vermogen om winst te genereren kunnen verminderen.

In de volledige analyse worden vijf krachten onderzocht: de onderhandelingspositie van de klant, de onderhandelingspositie van de leverancier, de dreiging van vervangende producten, de dreiging van nieuwkomers en de concurrentie binnen de bedrijfstak. De eerste vier elementen werken onafhankelijk van elkaar en versterken de rivaliteit binnen de bedrijfstak.

THEORIE

In de jaren 1970 schreef en publiceerde Michael E. Porter een reeks artikelen over strategie die leidde tot de publicatie van het boek *Competitive Strategy: Techniques for Analyzing Industries and Competitors*, een strategie-bijbel die sindsdien in 19 verschillende talen is vertaald. In het boek ontwikkelde hij een krachtig model dat een revolutie teweegbracht in de theorie, de praktijk en ook in het onderwijs over strategie in de hele wereld: het vijfkrachtenmodel.

Deze benadering richt zich op de verschillende krachten die de concurrentieomgeving van een bedrijfstak vormen en beïnvloeden. Vanuit strategisch oogpunt is deze analysetechniek cruciaal om de positionering van een onderneming op een markt te bepalen, maar ook om de concurrentie te bestrijden. Het is noodzakelijk om duidelijk vast te stellen:

- de relatie van het bedrijf met de andere spelers in de sector, waaronder:

  - klanten

  - leveranciers

  - producenten van vervangingsproducten

  - potentiële nieuwkomers

  - concurrenten

- en daarmee de vijf krachten:
  - onderhandelingspositie van klanten
  - onderhandelingspositie van leveranciers
  - dreiging van vervangende producten
  - dreiging van nieuwkomers
  - intra-industriële rivaliteit.

ONDERHANDELINGSMACHT VAN KLANTEN

De invloed van klanten in een concurrerende omgeving hangt af van hun vermogen om te onderhandelen. Dit kan ondernemingen daadwerkelijk dwingen hun prijzen te verlagen, meer kwaliteit of aanvullende diensten te eisen of zelfs voordeel te halen uit de concurrentie tussen de verschillende actoren. Hierdoor beïnvloeden consumenten rechtstreeks de winstgevendheid van de markt, aangezien zij invloed hebben op de kosten van het product.

Klanten hebben nog meer macht als:

- er slechts enkele klanten zijn of zij grote hoeveelheden afnemen;
- de op de markt beschikbare producten zijn gestandaardiseerd en verschillen nauwelijks van concurrerende producten;
- de overdrachtskosten van de ene leverancier naar de andere laag zijn;
- zij kunnen de activiteiten van de leverancier rechtstreeks in hun eigen productieketen integreren.

ONDERHANDELINGSMACHT VAN LEVERANCIERS

Evenzo kunnen leveranciers de rentabiliteit van een onderneming beïnvloeden door hun eigen voorwaarden op te leggen (in termen van kosten of kwaliteit) op dezelfde wijze als de klanten.

De macht van de leveranciers is aanzienlijk wanneer:

- zij bijzonder geconcentreerd zijn of zich in een monopoliesituatie bevinden;

- ze hebben veel klanten uit verschillende sectoren;

- zijn de overdrachtskosten hoog;

- zij bieden gedifferentieerde producten aan en er zijn geen vervangende producten voor wat zij aanbieden;

- zij kunnen meer activiteiten in hun kernactiviteiten opnemen verderop in de toeleveringsketen.

Leveranciers hebben een directe macht over een industrie door (opnieuw) te onderhandelen over de voorwaarden van een contract tussen henzelf en hun klanten (bedrijven) en door voortdurend te zoeken naar de beste prijzen.

DREIGING VAN VERVANGENDE PRODUCTEN

Substituutproducten bieden alternatieven voor het bestaande aanbod in een sector. Zij beantwoorden op een andere of vernieuwende manier aan soortgelijke behoeften. Zo is e-mail een substituut voor gewone post, net zoals de MP3 een substituut is voor de walkman.

In elke bedrijfstak worden vervangingsproducten een echte bedreiging wanneer..:

- ze bieden een betere kwaliteit;

- de kosten van de overstap naar het vervangingsproduct zijn laag;

- de prijs van het vervangingsproduct lager is.

Meer in het algemeen vormen vervangingsproducten een bedreiging doordat zij marktaandeel verwerven en de prijzen onder druk zetten.

DREIGING VAN NIEUWE MARKTDEELNEMERS

Nieuwkomers schudden de markt op door een voorheen onbezette positie te veroveren, door nieuwe consumenten meer waarde te bieden. Hun verlangen om nieuw marktaandeel te veroveren verhoogt de druk op de prijzen en het beleid inzake kosten en investeringen.

De dreiging van nieuwkomers is sterker wanneer:

- er is geen octrooi om technologieën te beschermen, waardoor ze gemakkelijk toegankelijk zijn;

- de toetredingsdrempels en de kapitaalvereisten zijn zeer laag;

- de schaalvoordelen zijn zwak;

- zijn er weinig culturele barrières;

- de vervangingskosten voor de klant zijn laag;

- reeds gevestigde bedrijven in deze sector hebben geen erg sterk merkimago;

- klanten zijn niet noodzakelijk loyaal aan de bedrijven die aan hen leveren;

- de kans op wraak van reeds op de markt gevestigde actoren is klein;

- de overheid biedt steun en subsidies voor nieuwkomers.

 ## TOEGANGSBELEMMERINGEN

Binnen een bedrijfstak betekent de uitdrukking "toetredingsdrempel" de moeilijkheidsgraad - als gevolg van natuurlijke of kunstmatige belemmeringen - waarmee een speler die in een bedrijfstak wil doordringen, wordt geconfronteerd, met name wat de vereiste initiële investering betreft. Kunstmatige belemmeringen kunnen worden opgeworpen door spelers die reeds op de markt zijn. Hoge toetredingsdrempels garanderen de oorspronkelijke spelers een zekere bescherming tegen nieuwkomers.

De uitstapdrempels zijn van psychologische aard, aangezien zij voor de klant betrekking hebben op de inspanning die nodig is om de invloedssfeer van een produkt te verlaten en die van een ander produkt te betreden.

INTRA-INDUSTRIËLE RIVALITEIT

De kern van het model wordt gevormd door de interne rivaliteit van de sector. Concurrenten vechten binnen de sector voortdurend om hun positie op dit gebied te vergroten of simpelweg te behouden. Interne concurrentie kan vele vormen aannemen en resulteren in acties zoals:

- lagere prijzen;

- introductie van nieuwe producten;

- reclamecampagnes;

- verbetering van productassortimenten en diensten.

De intensiteit van de concurrentie hangt af van het aantal ondernemingen dat in de sector actief is, hun respectieve omvang en de omvang van hun marktaandeel. Zij kan toenemen indien:

- de sector is niet geconcentreerd, d.w.z. wanneer de concurrenten talrijk en van vergelijkbare omvang zijn;

- de groei van de industrie is zwak;

- de toetredingsdrempels laag en/of de uittredingsdrempels hoog zijn;

- de mate van productdifferentiatie is laag;

- de vaste kosten zijn hoog.

De configuratie van de vijf krachten verschilt per bedrijfstak. Afhankelijk van de intensiteit, de hiërarchie en de dynamiek van deze krachten kunnen de kritische succesfactoren (KSF) worden vastgesteld, d.w.z. de strategische elementen die onder controle moeten worden gebracht om een duurzaam concurrentievoordeel te waarborgen.

Hoe sterker de krachten, hoe minder speelruimte de ondernemingen hebben: zij bieden een minder aantrekkelijk rendement op hun investeringen. Omgekeerd geldt dat hoe zwakker de krachten zijn, hoe winstgevender de ondernemingen zullen zijn omdat zij tegen hun concurrenten worden beschermd. Het is dus van cruciaal belang te investeren in activiteiten die duurzame concurrentievoordelen opleveren om de rentabiliteit van een project te waarborgen en een onderneming in staat te stellen haar marges en marktaandeel te behouden.

De prestaties van een onderneming zullen dus afhangen van haar vermogen om deze concurrentieomgeving te bestrijden en te beïnvloeden.

BEPERKINGEN EN UITBREIDINGEN

De belangrijkste bijdrage van Porter ligt in de classificatie van de verschillende economische factoren die de winst van een bedrijfstak beïnvloeden, in een model dat zowel de verticale integratie van de waardeketen als de concurrentie binnen een markt omvat.

Het model van Porter heeft echter ook beperkingen en kan om verschillende redenen worden bekritiseerd.

BEPERKINGEN EN KRITIEK

Een slecht en onvolledig model

In verschillende wetenschappelijke artikelen en publicaties is de relevantie van de vijf krachten van Porter in twijfel getrokken. Onder de meest voorkomende kritiek vinden we:

- **Onderschatting van kansen.** Door zich alleen te richten op bestaande en toekomstige bedreigingen en de verdediging van marktaandeel, laat het vijfkrachtenmodel weinig ruimte voor de analyse van de kansen binnen een markt. Het houdt geen rekening met de dynamiek van interacties en mogelijke partnerschappen tussen spelers binnen een bedrijfstak.

- **Het over het hoofd zien van het creëren van waarde.** In zijn model richt Porter zich vooral op de toetredingsdrempels en de marktstructuur om meer dan gemiddelde winsten te garanderen. Daarbij verwaarloost hij echter het centrale concept van waardecreatie voor klanten en de ontwikkeling van nieuwe producten en diensten binnen het bedrijf.

- **Voorrang van de industrie.** Door zijn benadering te richten op de structuur van een bedrijfstak, blijkt het model van Porter identiek te zijn voor alle actieve concurrenten in dezelfde markt. Daarom wordt het noodzakelijk om in een uitgebreide concurrentieanalyse rekening te houden met andere parameters – bijvoorbeeld de sterke punten en kerncompetenties van actieve organisaties in de bedrijfstak. Ondernemingen kunnen immers unieke en benijdenswaardige posities innemen op hun markt, posities die hen kunnen isoleren van bepaalde krachten.

- **Het negeren van de variatie in de vraag.** Het model van Porter negeert factoren die de vraag kunnen beïnvloeden. Het houdt dus geen rekening met economische principes zoals veranderingen in inkomen of smaak van de consument.

- **Kwalitatieve analyse.** Door zijn kwalitatieve aard laat het model van Porter niet toe de intensiteit van de krachten nauwkeurig in te schatten. Bijvoorbeeld, hoewel de toepassing van het model kan suggereren dat de dreiging van nieuwe toetreders groot is, biedt het geen instrument om de waarschijnlijkheid van deze toetreders te berekenen. Daarom is het model vooral nuttig om trends en veranderingen binnen een sector vast te stellen.

Een verouderd model

Andere analisten gaan zover dat zij stellen dat het vijf-krachtenmodel onverenigbaar is met een geglobaliseerde economie en de ontwikkeling van nieuwe technologieën. In overeenstemming met de visie van een op concurrentie gebaseerde strategie en het belang van toetredingsdrempels wordt dit model ondermijnd door de huidige economie, die ruimte laat voor nieuwe toetreders in verschillende vormen en regelmatig wordt vernieuwd. We hebben de afgelopen jaren vaak gezien dat het concurrentievoordeel van grote ondernemingen teniet werd gedaan door radicale innovaties. Zo moest Kodak, vroeger marktleider in de professionele fotografie, in januari 2012 faillissement aanvragen.

Evenzo houdt het vijfkrachtenmodel van Porter geen rekening met de synergieën en onderlinge afhankelijkheid van de bedrijfsportefeuilles van grote ondernemingen in een geglobaliseerde economie.

VERWANTE MODELLEN EN UITBREIDINGEN

De vijf (+1) krachten van Porter

Het oorspronkelijke model van Porter kan worden aangevuld met een zesde kracht, waarvan de invloed verre van gering is: de overheid. In dit geval gaat het om het vijf (+1) krachtenmodel.

Hoewel zij niet in het eerste model was opgenomen, behalve in de vorm van een leverancier of afnemer, moet de overheid toch in aanmerking worden genomen vanwege haar regulerende rol. Ondernemingen die op een markt tegenover elkaar staan zijn immers gedwongen zich te conformeren aan het wettelijk kader dat specifiek is voor elk geografisch gebied. Zo structureren parameters zoals normen en voorschriften, belastingen of diplomatieke betrekkingen die door een staat in stand worden gehouden, eveneens de markt.

In zijn meest recente werk verwerpt Porter deze uitbreiding van het model. Volgens hem kan de overheid niet worden beschouwd als een kracht, maar als een factor. De beste manier om de invloed van een overheid op de economie te begrijpen is te analyseren hoe de maatregelen van de overheid binnen een staat de vijf krachten kunnen beïnvloeden.

Net als bij de overheid benadrukt Porter het belang van "supplementen". Deze producten en diensten worden gebruikt als aanvulling op de producten van de bestudeerde bedrijfstak. De supplementen spelen een rol wanneer het voordeel van de twee producten samen groter is dan de waarde van elk product afzonderlijk. Deze kunnen een belangrijke rol spelen, met name op het gebied van nieuwe technologie (bijvoorbeeld specifieke software in de telecommunicatie-industrie), omdat zij de vraag beïnvloeden.

PRAKTISCHE TOEPASSING

ADVIES EN TIPS

Voor een efficiënte analyse van de aard van een bedrijfstak is het nuttig in etappes te werken.

Definieer de bestudeerde sector

Om een bedrijfstak te definiëren moeten we ons concentreren op twee belangrijke elementen: de producten en het geografische gebied. Met welke producten moet in deze analyse rekening worden gehouden? Welke producten moeten buiten beschouwing worden gelaten omdat zij tot een andere bedrijfstak behoren? In welk geografisch gebied zijn de concurrenten actief?

De componenten van het model identificeren

Vervolgens moet elke kracht worden geïdentificeerd aan de hand van vragen die specifiek zijn voor elke kracht. Door deze te beantwoorden kunt u trends vaststellen, alsmede de bedreigingen die zij vertegenwoordigen. Het is belangrijk deze vragen in twee fasen te beantwoorden om de huidige situatie te bekijken en te anticiperen op de toekomstige trend.

Klanten of groepen klanten

- In hoeverre is de industrie van mijn klanten geconcentreerd?

- Wat is het volume van de aankopen van deze klantengroepen?

- Kunnen zij een beroep doen op vervangende producten?

- Doen zij specifieke investeringen om transacties met bepaalde partners te vergemakkelijken?

- Dreigen zij werkelijk de productieactiviteiten stroomafwaarts te integreren?

- Kunnen klanten en leveranciers per bestelling over prijzen onderhandelen?

Leveranciers

- Is de toeleveringsindustrie meer geconcentreerd dan de bestudeerde industrie?

- Wat is de omvang van de aankopen van de bestudeerde bedrijfstak?

- Doen de bedrijven in mijn sector specifieke investeringen om transacties met deze leveranciers te ondersteunen?

- Dreigen zij stroomopwaarts in de keten te integreren?

- Worden ze gedwongen de prijzen te verhogen?

- Is het voor hen gemakkelijk om nieuwe klanten te vinden?

- Zijn de merken van mijn leveranciers sterk?

Bestaande concurrenten

* Wat is de structuur van het vergelijkend onderzoek?
* Wat is de mate van productdifferentiatie?
* Wat zijn de strategische doelstellingen van de concurrenten?
* Wat is het groeipercentage van de sector?
* Wat is de kostenstructuur van de bestudeerde industrie?
* Hoe geconcentreerd zijn de verkopers?
* Zijn er aanzienlijke kostenverschillen tussen concurrenten?
* Kunnen bedrijven hun prijzen gemakkelijk aanpassen?
* Zijn er belemmeringen om uit te stappen?
* Is de prijs van de vraag regelbaar?
* Hebben de concurrenten overcapaciteit?

Vervangende producten

* Zijn deze producten beschikbaar? Is er een groot aantal van?
* Wat is de gepercipieerde prijs-kwaliteitverhouding van deze producten?
* In hoeverre is de prijs van de vraag flexibel?
* Zijn er supplementen?
* Wat is hun prijs-kwaliteitverhouding?

Nieuwkomers

- Welk kapitaal hebben zij nodig om de markt te betreden?

- Zijn er aanzienlijke schaalvoordelen?

- Wat is het niveau van hun merkimago?

- Hebben zij gemakkelijk toegang tot distributienetwerken?

- Hebben ze gemakkelijk toegang tot grondstoffen?

- Hebben zij gemakkelijk toegang tot de relevante technologie?

- Worden zij gesteund door de overheid?

- Wat is hun doel?

Het is noodzakelijk de verschillende krachten te prioriteren zodat het resulterende model is aangepast aan de bestudeerde bedrijfstak.

De drijvende krachten van elke kracht identificeren en hun intensiteit bepalen

Bij elke kracht moet men zich afvragen: is hij invloedrijk genoeg om de sector te beïnvloeden door de winst te verminderen of te verslechteren? Het gewicht van deze krachten maakt het mogelijk het vermogen van een onderneming om winst te maken te bepalen. Hoe groter de intensiteit van deze 5 of 6 krachten, hoe meer de winstmogelijkheden beperkt zullen zijn, aangezien de markt als stilstaand zal worden beschouwd.

Omgekeerd, als de krachten zwak zijn, is het theoretisch mogelijk aanzienlijke marges te genereren.

Merk op dat u industrieën – of sectoren – met een hoge groei niet altijd als aantrekkelijk moet beschouwen. Hoewel ze veel kansen bieden, bestaat het risico van sterke concurrentie in de nabije of verre toekomst.

Bepalen en evalueren van de industriestructuur

* Wat is de mate van winstgevendheid?

* Wie controleert en beïnvloedt de krachten?

* Hoe lang zal deze analyse relevant zijn?

Recente en potentiële veranderingen in de sector analyseren

Veranderingen binnen een bedrijfstak kunnen plotseling zijn, dus daarmee moet rekening worden gehouden en de criteria voor de analyse moeten voortdurend worden bijgewerkt. De analyse kan de kritische succesfactoren aan het licht brengen, waardoor de onderneming een duurzaam en cruciaal concurrentievoordeel kan ontwikkelen.

 GOED OM TE WETEN.

Tijdens deze analyse kunnen veel fouten optreden als gevolg van:

niet accuraat de industrie definiëren;

een opsomming van de actoren in plaats van een echte analyse;

zonder rekening te houden met de evolutie van de sector;

de gevolgen en de oorzaken door elkaar halen;

de trends binnen de sector negeren.

Bovendien moet een dergelijke analyse verwijzen naar de economische beginselen die op elke kracht van toepassing zijn. Analyse-instrumenten voor intra-industriëleconcurrentie, nieuwkomers en vervangingsprodukten zijn onder meer de speltheorie en de industriële organisatie. De studie van de invloed van klanten en leveranciers is afgeleid van de theorie van de verticale betrekkingen tussen ondernemingen.

Het model is in de eerste plaats een basis om strategische keuzes te maken. Uit een dergelijke analyse kunnen dan ook vele beslissingen voortvloeien, waarvan de meest voorkomende zijn:

* **De (her)positionering van de onderneming.** Na de analyse en om hun concurrenten te overtreffen, kunnen managers ervoor kiezen hun bedrijf te (her)

positioneren door zich te differentiëren, hetzij via kosten, hetzij via een ander concurrentievoordeel waarmee zij aan de invloed van bepaalde krachten kunnen ontsnappen en dus op lange termijn winst kunnen garanderen.

- **Eigendom van een nieuw onaangeboord industriesegment.** Door te investeren in een niche die onaangeboord blijft, kan een bedrijf zich verzekeren van een hoger rendement op investering.

- **De krachten in haar voordeel beïnvloeden.** Hoewel deze manoeuvre vrij moeilijk is, kan een onderneming proberen de krachten in haar voordeel te veranderen en te beïnvloeden, voornamelijk door partnerschappen aan te gaan met andere belanghebbenden om het niveau van de intra-industriële concurrentie te verlagen of door nieuwkomers uit te kopen. Om de macht van de leveranciers te verminderen, kan een onderneming besluiten sommige van hun activiteiten in haar eigen waardeketen op te nemen.

Ten slotte zal deze analyse vanuit ondernemersoogpunt worden betrokken bij een veel bredere strategische analyse en bijvoorbeeld de SWOT- (sterke en zwakke punten, kansen en bedreigingen) en PESTLE- (politieke, economische, sociaal-culturele, technologische, juridische en milieu-) analyses omvatten, aan de hand waarvan de kansen en bedreigingen kunnen worden vastgesteld die zich in een sector kunnen voordoen.

CASESTUDIE – E-READERINDUSTRIE

Om de theorie te illustreren, kijken we naar de markt voor e-readers (of e-boeklezers).

WIST JE DAT?

Een e-reader is een elektronisch apparaat dat uitsluitend dient om een digitaal boek (e-boek) te lezen. Dit product, dat in de jaren negentig door twee Italiaanse wetenschappers werd bedacht, kende niet het verwachte succes toen het eind jaren negentig in Frankrijk op de markt kwam. Pas aan het eind van de jaren 2000 kwam er een grotere verscheidenheid aan e-boeken beschikbaar, eerst in de Verenigde Staten, daarna in Europa. Frankrijk, dat weliswaar langzamer dan de Angelsaksische landen het nieuwe product heeft overgenomen, heeft nu een steeds groter aantal digitale lezers.

De boekensector, die de laatste jaren door de moeilijke economische situatie ingrijpend is veranderd, staat voor grote uitdagingen. De belangrijkste daarvan is de opmerkelijke ontwikkeling van de onlinehandel en de sluiting van vele boekhandels. De opkomst van het digitale lezen zelf vormt een uitdaging voor de traditionele bedrijfsmodellen. In 2012 bedroeg de jaarlijkse verkoop van e-readers in de VS 25 miljoen, en naar schatting zal in 2013 32% van de Amerikanen een e-reader bezitten en meer dan de helft een tablet. De e-readermarkt wordt daar nu als volwassen beschouwd.

Wat zijn de onderliggende krachten in deze specifieke bedrijfstak? Welke actoren oefenen druk uit? Welke bedrijven versnellen de trends?

* **Onderhandelingskracht van de klanten.** In dit geval – dat van de digitale lezers – wordt de intensiteit van deze kracht als gemiddeld beschouwd. Gezien het kleine aantal verkopers voor een zeer groot aantal lezers, is de impact van klanten die overstappen naar een ander type leesapparaat slechts matig. Het gemiddelde aankoopvolume van een digitale lezer is immers niet groot genoeg om een speler in de sector te destabiliseren in geval van verandering. Niettemin zijn de overstapkosten, die hier overeenkomen met de inspanning die de lezer moet leveren om over te schakelen naar een concurrent, relatief hoog gezien de huidige ecosystemen; de lezer is namelijk geneigd de voorkeur te geven aan de boekhandel die met zijn e-reader verbonden is. Als de koper dus kiest voor zijn eerste model (bv. Kindle, geassocieerd met de boekhandel van Amazon), zal hij het zeer moeilijk vinden om de boeken die hij reeds bezit over te brengen naar het nieuwe leestoestel als hij voor een ander merk kiest.

* **Onderhandelingsmacht van leveranciers.** De onderhandelingsmacht van leveranciers met actieve bedrijven op de e-readermarkt is ook relatief laag, aangezien het zeer onwaarschijnlijk is dat zij activiteiten verderop in hun toeleveringsketen zullen

integreren. Indien de leveranciers hun prijzen aanzienlijk zouden verhogen, zouden de ondernemingen bovendien geen moeite hebben om andere, even gekwalificeerde leveranciers te vinden, aangezien deze sector zeer geconcentreerd is.

- **Vervangende producten.** Aangezien vele andere producten e-readers kunnen vervangen, te beginnen met papieren boeken en tablets, is het moeilijk om klanten op lange termijn aan zich te binden. Meer bepaald lopen e-readers, die al enkele jaren geen technologische ontwikkeling meer vertonen, een groot risico te worden ingehaald door smartphones die niet alleen soortgelijke, maar ook aanvullende functies hebben. Meer in het algemeen concurreert lezen met alle vrijetijdsaanbiedingen. De dreiging van vervangende producten is bijzonder groot, aangezien het aantal lezers elk jaar afneemt.

- **Nieuwkomers.** Deze markt, die een nichemarkt is, kan niet veel nieuwkomers verdragen. Sommige voorlopersgroepen zijn reeds goed ingeburgerd in deze rijpe markt en bezetten wereldwijd grote delen van de markt, zodat het relatief moeilijk is om tegen hen te concurreren. Voor nieuwkomers is de uitdaging zelfs tweeledig, aangezien zij van meet af aan over een zeer grote hoeveelheid financieel kapitaal voor de productie moeten beschikken en zij een zeer grote hoeveelheid eenheden moeten produceren om op schaalmarkten te kunnen slagen. Dit scenario is alleen mogelijk indien de door deze nieuwkomers gecreëerde waarde massaal wordt waargenomen door de klanten, die dit als een essentieel voordeel kunnen beschouwen. De dreiging van nieuwkomers is betrekkelijk gering.

- **Intra-industriële concurrentie.** De e-readerindustrie is zeer concurrerend, met een klein aantal mondiale spelers die de markt verdelen. De Amazon Kindle, met een penetratiegraad van ongeveer 40%, domineert ongetwijfeld de markt. Tot voor kort werd hij gevolgd door PanDigital, de Nook van Barnes and Noble en Sony, terwijl anderen slechts de resterende 20% in handen hadden. De rivaliteit werd geaccentueerd toen Sony in februari 2014 aankondigde de productie van zijn e-readers in de VS stop te zetten, overrompeld door de bijzonder hoge druk die specifiek is voor de e-readermarkt. Haar klantenbestand werd vervolgens overgeheveld naar haar voormalige rivaal, Kobo.

De e-readerindustrie is binnen enkele jaren volwassen geworden. Nu in handen van enkele actoren die een genadeloze oorlog voeren, wordt hij al overspoeld door een alarmerend aantal substituten. Het is daarom zeer waarschijnlijk dat we binnenkort een lichte daling van de rentabiliteit van deze markt zullen zien, maar ook een geleidelijke vermindering van de investeringen in deze sector ten gunste van andere soortgelijke technologieën met meer veelbelovende vooruitzichten. Amazon is zich bewust van deze verschuiving en lijkt met de lancering van zijn tablet en smartphones al enkele strategische beslissingen in die zin te hebben genomen.

SAMENVATTING

- Dit model, in 1979 ontwikkeld door Michael E. Porter en beschouwd als een van de theoretische grondslagen van de huidige strategie, maakt het mogelijk de concurrentieomgeving van een bedrijfstak te analyseren.

- Vijf krachten – namelijk de onderhandelingsmacht van klanten en leveranciers, de dreiging van vervangende producten, nieuwkomers en ten slotte de intra-industriële rivaliteit – worden in dit model verwoord om bedrijven de richtlijnen voor overwegingen en het vermogen tot inzicht in de interacties binnen hun bedrijfstak te verschaffen.

- Dit model helpt niet alleen om de concurrentie te visualiseren en te genieten van de winstgevendheid van een bedrijfstak, maar ondersteunt ook het denken van bedrijfsleiders die hun strategieën op lange termijn willen verfijnen.

- Hoe goed het ook lijkt, het model van Porter heeft echter zijn beperkingen, waaronder de neiging om kansen te onderschatten, de suprematie van de bedrijfstak ten opzichte van de onderneming en het over het hoofd zien van factoren die de vraag beïnvloeden.

- Het model kan vergezeld gaan van een zesde kracht: de overheid. Deze kan namelijk de economische betrekkingen tussen de actoren binnen een bedrijfstak beïnvloeden, en daarmee indirect de winstgevendheid ervan.

VERDER LEZEN

BIBLIOGRAFIE

Besanko, D., Dranove, D., Shanley, M. en Schaefer, S. (2013) *Economics of Strategy*. [6e editie]. Hoboken: Wiley.

Magretta, J. (2011) *Comprendre Michael Porter. Concurrentie. Stratégie*. Parijs: Eyrolles.

Porter, M. E. (1986) *Competition in Global Industries*. Boston: Harvard Business Press.

Porter, M. E. (2008) *Competitive Strategy*. New York: Free Press.

Porter, M. E. (2008) The Five Competitive Forces That Shape Strategy. *Harvard Business Review*. [Online]. Accessed 5 December 2016]. Beschikbaar via: < http://www.exed.hbs.edu/assets/documents/hbr-shape-strategy.pdf>

Porter, M. E. (1991) Naar een dynamische theorie van strategie. *Tijdschrift voor Strategisch Management*. 12(S2).

We horen graag van u! Laat
een reactie achter op jouw online bibliotheek
en deel je favoriete boeken op social media!

50MINUTES.com
MASLOW'S HIERARCHY OF NEEDS
Gain vital insights into how to motivate people
Personal accomplishment
Esteem
Belonging
Security
Physiologic
THE SWOT ANALYSIS
Internal factors
Strengths
Weaknesses
SWOT
Opportunities
Threats
External factors
50MINUTES.com

Master ISBN: 9782808063753
Papier ISBN: 9782808064040
Wettelijk depot: D/2022/12603/49

Digitaal ontwerp: Primento,
de digitale partner van uitgevers.